자연 · 自然 · Nature
나의 건강 관리 원칙

자연 · 自然 · Nature
나의 건강 관리 원칙

류인섭 지음

호라이즌

차례

자연 • 自然 • Nature
머리말 : 건강한 습관으로 보내는 하루

1. 자연 재료를 이용해 고친 질병들
    - 결명자차 : 고질병 비염 치료 …… 15
    - 목초액 : 가정 상비약으로 구비 …… 19
    - 대나무 치료 : 혈액 순환 …… 24
    - 베개의 중요성 : 낮은 베개가 주는 질 높은 수면 …… 26
    - 전립선 비대증 …… 28
    - 치석 완화 : 구강질환에 도움이 되는 천일염 …… 31
    - 가을 남자 : 겨울을 위해서 가을에 대비하라 …… 33
    - 회춘 : 생활 습관으로 건강을 유지하다 …… 35
    - 만 보 걷기 : 걷기의 이로움 …… 39
    - 실내 운동 …… 42
    - 지압(指壓)의 생로병사(生老病死)
      : 옛날 지혜를 이용한 모기 잡기 …… 43

2. 나의 고향 : 부천시 오정구 여월동
    - 고래산 가지 뷰 카페 …… 48
    - 산 좋고 물 좋고 사람 좋은 나의 고향 …… 50

3. 그리운 나의 부모님
- 아버지의 가르침 : 인사의 중요성 …… 56
- 6·25(한국전쟁) 발발
  : 아버지의 평판으로 6·25에서 살아남다 …… 59
- 인자하신 어머니 : 사랑방, 말방 …… 65

4. 내 인생의 반려자
- 지혜로운 서울 사람 …… 70
- 남편을 공경하고 귀하게 대해 주는 아내 …… 74

5. 오늘도 배우고 익힌다
- 오늘도 배우고 익히며 …… 80
- 허리띠 졸라매기 : 건물을 짓기까지 …… 92
- 괘종시계 : 소리 나는 벽시계 …… 97

6. 자랑스러운 자손들
- 조상님을 잘 모시자 …… 104
- 바르게 살자 …… 105
- 듬직한 자손들 …… 109

추천의 글

머리말

건강한 습관으로 보내는 하루

　나의 하루는 새벽 5시 전후에 시작된다. 오랜 습관으로 인해 몸이 먼저 기억해서 그 시간이면 잘 자고 개운하게 깨어 시계를 보면 5시경이다.
　아침에 일어나 제일 먼저 하는 일은 자고 난 잠자리를 정리하는 것이다. 대단한 것은 아니지만 내가 할 수 있는 일은 손수 하려 한다. 잘 자고 일어난 자리를 정리하면서 무탈한 하루를 소원한다.

내 몸을 잘 간수하고 주위를 청결하게 하는 것은 너무나도 당연한 일이지만 다른 사람의 손을 빌리지 않고 나 스스로 하는 걸 좋아한다. 손수건만 한 걸레를 접어서 자고 일어난 방을 싹싹 닦는다. 30분 정도 청소하다 보면 머리도 개운해지고 운동이 됐는지 땀이 나고 몸도 풀린다. 이래야 하루를 개운하게 시작할 수 있다.

　이후에는 새벽에 배달되어 온 신문을 본다. 거실 테라스에서 아침 햇빛을 받으며 신문을 보는 것은 작은 즐거움이다. 간밤의 사건 소식이나 세상 돌아가는 일들이 잘 정리된 뉴스를 두루두루 본다. 시간에 쫓길 일도 없으니 천천히 꼼꼼히 읽는다.

　아침 신문을 보면서 마음에 들거나 좋은 기사들은 필사를 한다. 한자 한자 종이에 펜으로 따라 쓰다 보면 그냥 눈으로 읽는 것보다 머리에 잘 기억된다.

지금 살고 있는 집을 지으면서 햇빛이 잘 들어오는 거실 옆에 작은 테라스를 만들었다. 나의 서재 겸 손님을 맞는 응접실이다. 그곳에 책상을 두고 운동 삼아 서서 신문을 읽는다.

그리고 나면 아침 7시에 아내가 차려준 밥을 함께 먹는다. 아침을 먹고 나서 별다른 일이 없으면 오전에는 부평 향교에 나간다. 공자를 모시고 유교 경전을 공부하는 곳이다. 회원들과 함께 공자님 말씀을 공부한다.

하루에 만 보를 걷고 산에 올라갔다 내려오는 것을 매일 주기적으로 한다. 사람이나 기계나 안 쓰고 그냥 두면 녹슬기 마련이다. 아직 신체가 건강할 때 게으름 부리지 말고 운동을 해야 오래 건강하게 유지할 수 있다 저녁에는 거실에 있는 텔레비전으로 스포츠 등을 본다. 아무리 재미있는 프로가 있어도 9시가 지나면 잘 준비를 해서 10시경에는 잠자리에 든다. 이것이 나의 규칙적인 생활이다.

지금까지 큰병 없이 무탈하게 지낸 것도 작으나마 이런 규칙적인 건강한 생활 습관이 도움이 되었다고 생각한다.

인생 팔십여 년을 살면서 허리 통증이나 비염, 황반 변성, 잇몸이 붓고 피날 때, 전립선 비대증을 약이나 병원 치료를 받는 대신 자연치료로, 운동으로 다스리며 건강하게 살아왔다.

이곳에는 나의 건강한 생활 습관이 누군가에게는 도움이 될 거라 생각하고, 있는 그대로 적으려 한다. 그리고 지금까지 살아온 이야기, 사랑하는 가족들에 대해서 이야기하려 한다.

평범하게 살아왔지만 내 나름으로는 매순간마다 모든 일에 최선을 다했다. 다른 사람이 보기에는 사소하고 보잘 것 없어 보일지 몰라도 매사 최선을 다해 성실하게 살아왔고 어느 한순간도 허투로 살지 않았다.

지금의 일가를 이루고 살아오기까지 지나온 일들을 기록으로 남기는 것이 의미가 있을 것이라고 생각해서 조금씩 쓰기 시작한 것이 이 책으로 결과물이 나왔다.

모두들 건강하게 잘 살기를 바라는 마음을 담아 적었다.

2024년 봄 류인섭(柳寅燮) 씀

1. 자연 재료를 이용해 고친 질병들

- 결명자차 : 고질병 비염 치료
- 목초액 : 가정 상비약으로 구비
- 대나무 치료 : 혈액 순환
- 베개의 중요성
- 전립선 비대증
- 치석 완화
- 가을 남자
- 회춘
- 만 보 걷기
- 실내 운동
- 지압의 생로병사

살면서 병치레하지 않고 건강하게 사는 것은 모두가 바라고 소망하는 일일 것이다. 다행히 나는 큰병을 겪지 않고 비교적 무탈하게 지낸 편이다. 젊은 시절에는 내 차를 직접 운전하고 다녔지만 여든이 넘은 지금은 건강한 두 다리로 매일 만 보를 걷고 가까운 거리는 운동 삼아 걸어다닌다.

규칙적으로 생활함은 물론이다. 내 몸이 건강하면 첫째는 나에게 좋은 일이고, 둘째는 가족들에게 걱정을 주지 않기 때문에 좋은 것이다. 몸이 건강할 때 좋은 습관을 들이고 꾸준히 지켜 나가기를 권한다.

여기에서는 내게 있었던 소소한 질병들을 나만의 방법으로 고쳐 나간 것을 소개하겠다. 그다지 많은 비용이 드는 것도 아니고 쉽게 구할 수 있는 재료와 방법들이어서 주위에 권하고 싶다. 나에게는 효과가 있었지만 사람마다 각자의 체질이 다르니 그냥 참고만 하면 좋겠다. 혹시 내 방법을 따라 하고 싶으면 처음에 조금 해보고 부작용 등이 있는지 없는지를 잘 관찰한 후 해야 한다.

- **결명자차**
: **고질병 비염 치료**

나는 비염으로 오래 고생을 했다. 콧물이 질질 흐르고 시도 때도 없이 코끝이 간질간질하면서 재채기를 자주 하니 나 자신이 고통스러움은 물론 남이 보기에도 지저분해 보였을 것이다. 환절기에는 더 심해져 주위 사람들에게 여간 민폐가 아니었다.

그런데 이 골칫덩어리 비염이 결명자를 차로 끓여서 먹으면서부터 말끔해졌다. 결명자차를 아침 저녁으로 3개월 정도 먹으니 고질적인 비염이 99% 치료되어 깔끔해지고 건강한 생활로 돌아왔다. 결명자의 이로움을 알고 나서는 결명자차를 마시기를 주위에 권유한다.

이 좋은 결명자를 편하고 쉽게 먹는 방법이 있다. 바로 보리차 대신 차로 끓여서 마시는 것이다. 잘 볶은 결명자를 물에 넣고 끓이면 쌉쌀한 맛과 은은한 향기가 있어 차로 마시는 데 적당할 뿐 아니라 눈 건강에 좋은 성분들이 농축되어 있으므로 영양면에서도 혈액 순환에도 좋고 정신을 맑게 해준다.

결명자차를 만드는 방법은 주전자에 물 2리터를 담아 결명자를 숟가락의 70% 정도 분량으로 넣고 끓이면 양주(洋酒)빛 같이 보기 좋은 빛깔이 난다. 보리차는 여름에 하루만 상온에 놔둬도 금세 변하여 쉰내가 나서 먹을 수가 없는데 결명자차는 며칠 지나도 변하지 않고 좋은 상태를 유지한다. 시원하게 먹고 싶으면 냉장고에 넣어 두고 마시면 된다.

아무리 좋은 약이라도 오래 마시면 내성이 생기는데 결명자차는 물 대용으로 마셔도 좋다. 설탕이나 꿀 같은 것을 넣지 말고 보리차나 생수처럼 마시기를 권한다.

시중에 결명자는 많이 나와 있지만 나는 당진에 있는 밭에 직접 씨를 뿌려서 재배해서 먹는다. 직접 재배한다니까 힘들 거라고 생각할 수도 있지만 키우는 것도 어렵지 않아 일 년에 몇 번 돌봐주지 않아도 잘 자라고 추수하면서 떨어진 씨앗들이 다음해 밭에서 저절로 발아해서 자라니 거저 생산

하는 것 같다. 게다가 결명자는 일년생 작물로 일년 사계절을 견뎌낸 강인한 생명력을 함유하고 있는 식품이라 결명자차를 마시면 결명자의 좋은 효능이 몸속에 흡수되는 것이다.

내 경우에는 결명자로 비염을 치료했지만 그외에도 결명자는 눈에도 좋다. 눈의 피로를 완화시키고 노화로 인한 시력 감소를 예방하는 데 도움을 준다고 한다. 지금 여든의 나이에도 아직 돋보기 없이 너끈히 신문을 읽고 있다.

사람마다 체질이 다른 만큼 나에게 맞는 것이 모두에게 다 맞는다고는 할 수 없겠지만 내가 직접 효능을 경험한 것이니 특별한 부작용이 없다면 마시기를 권한다.

- 목초액
: 가정 상비약으로 구비

   평온한 나날을 지내다가도 불상사는 일어날 수 있다. 그래서 가정 상비약을 구비해 두고 잔병치레는 대부분 이것으로 해결한다. 목초액, 포비딘(빨간약), 일회용 밴드, 반창고 등이다. 목초액은 지금도 항상 곁에 두고 상비약으로 쓰고 있다. 이 목초액에 대해 말하려 한다.

   목초액(木醋液)은 참나무로 숯을 만드는 과정에서 나오는 연기를 액화하여 채취한 액체를 말한다. 믿을 만한 곳에서 참나무로 잘 정제해 만들어진 것을 구해서 사용하면 좋겠다. 나는 처음에 강원도 횡성 숯가마에서 나온 참나무 목초액을 구해다 썼다. 보통은 냄새가 약간 나는 게 좋은 목초액이고 자극적인 냄새가 나는 것은 주의한다. 그러나 냄새가 오래 가지는 않는다.

　목초액은 몸 속의 노폐물을 걸러주고, 원적외선을 내뿜어 신진대사를 활발하게 하여 노화를 방지하는 효능이 있고 전립선 비대증에도 효과가 있다.

　오십견으로 뭉친 근육을 푸는 데도 효과를 봤다. 무릎 관절이나 허리 아플 때도 발라주면 좋다. 병원에 다녀도 별 차도가 없었던 오십견이 등과 어깨에 꾸준히 바르고 나서 좋아졌다.

　힘든 일을 하면 유난히 허리가 아파서 어머니께 여쭸더니 어렸을 때 허리를 다쳐서 그렇다고 하셨다. 내가 기억하지 못할 정도의 어린 시절인 듯하다. 그래서 가끔 허리가 아플 때마다 목초액을 바르면 완화되곤 하였다. 허리 아픈 것으로는 병원에 다니지 않고 현재까지 잘지내고 있다.

　2002년 부천시청에서 서기관으로 정년 퇴임하고 집에서 지내는데 갑자기 눈이 침침해지고 불편해졌다. 병원에 가니 황반변성이라고 하며 쉬이 낫지 않는 병이라고 했다. 황반변성은 눈 안쪽 망막 중심부에 위치한 황반부에 변화가 생겨 시력 장애가 생기는 질환이다.

병원에서 약을 처방받아 먹으면서 낫기를 바라는데 몇 달이 지나도록 좋아질 기미가 보이지 않고 왼쪽 눈이 거의 실명상태가 되어 갔다. 이러다가 안 보이게 되면 어쩌나 걱정하던 차에 목초액을 권유받았다. 천만다행으로 꾸준히 3개월 정도 사용하니 99% 이상 시력이 회복되었다.

내가 쓴 방법은 간단했다. 손에 목초액을 약간 쏟아서 눈에 대고 목초액 냄새를 눈 주위에 쐬어주면서 가만히 있었다. 이렇게 매일 아침 저녁으로 세수 후에 목초액을 사용했다. 이 방법으로 몇 달 지나니 눈이 정상으로 돌아와서 시야가 또렷해지고 사물을 제대로 볼 수 있게 되었다.

모든 건강이 다 중요하겠지만 황반변성을 겪고 나니 특히 눈 건강에 더 신경 쓰게 되었다. 나는 눈을 감고 눈동자를 좌우, 아래 위로 수십 번 반복하여 굴리는 눈운동을 한다.

또 숲에 가서 푸른 나무를 보면 눈앞이 시원해진다. 가까운 곳만 보기보다 먼 곳으로 시야를 넓혀서 보는 것도 눈 건강에 좋다.

한번은 눈이 침침해져서 병원에 갔다. 안과에서 처방받은 처방전으로 약을 짓는데 약사 선생이 약에 너무 의존하지 말고 하루 네 번씩 세수하면서 눈 주위를 꼼꼼하게 잘 씻는 것만으로도 눈 관리가 된다고 말했다. 일리가 있는 말이라 새겨들었다. 환자의 건강을 생각하는 진심이 느껴졌다.

이명(耳鳴)은 귓속에서 윙윙거리며 소리가 나는 증상이다. 이럴 때도 목초액을 손에 묻혀 가만히 귀에 대고 있으면 이명이 사라진다. 평소 얼굴에 바르면서 귀 부분에도 바르면 좋을 것이다. 또 이를 악물고 10분 정도 힘을 주면 침샘에서 침이 나온다. 이 침을 삼키면 이명 치료에 좋다. 입안은 코와 귀가 모두 연결되는 곳이다. 여러 번 반복하면 귀에서 이상한 소리가 들리지 않게 된다.

이외에 작은 상처로 생긴 곪거나 쓰라림과 같은 피부질환에도 효과가 있다. 모기에 물린 곳에 바르면 가려움이 없어진다. 정상적인 피부에 발랐을 때는 피부 미용용으로도 적격이다. 83세의 나이에 화장품을 전혀 사용하지 않아도 피부가 맑고 깨끗하다고 주위 사람들이 부러워한다.

목초액으로 효과를 봐서 몇 사람에게 나눠주며 권했는데 몇 명은 냄새가 싫어서 안 쓴다고 하고 몇 명은 효과가 있어 계속 쓰고 있다고 한다. 사람마다 체질이 다르니 자신에게 맞는지 잘 살피고 써야 할 것이다. 처음 쓸 때는 손등 같은 데 먼저 발라서 부작용이 있는지를 먼저 살피길 바란다.

• **대나무 치료**
: **혈액 순환**

나는 잘 때 대나무를 늘 가까이 둔다. 대나무는 단단하고 생명력이 강하다. 그래서 건강과 청춘의 상징으로도 여겨진다. 건강에 좋은 효능도 많이 품고 있어 건강 증진에 좋은 나무이다. 건강을 위해서 대나무를 가까이 두고 유용하게 잘 사용하길 바란다.

대나무는 가벼운데도 강도가 높은 것이 장점이다. 가격도 저렴하여 주위에서 손쉽게 구할 수 있다. 무더운 여름 잠자리에 죽부인을 두면 대나무의 서늘한 기운 덕에 더위를 잊고 잠을 잘 청하게 된다.

사용 방법은 간단하다. 굵기 6cm 정도, 길이 30cm 정도의 대나무 막대기 6개를 준비하여 잠잘 때 양쪽 어깨 사이에 놓고, 배 위에 두고, 다리 끝에 두고 자면 숙면을 취할 수 있고 아침에도 개운하게 일어난다. 대나무를 가까이 하는 것만으로도 혈액 순환에 도움을 주기 때문이다.

식사 후에는 바로 앉아 있기보다는 한 시간 이상 서 있거나 걷는 등 움직이는 것이 혈액 순환이 잘 된다. 한 시간이면 음식물이 소화가 된다. 소화가 안 된 상태에서 앉아 있으면 위에 부담이 되어서 소화 장애를 일으킬 수 있다.

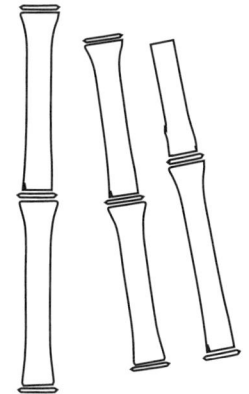

저녁 식사 후에는 뭉친 근육을

대나무로 문질러서 풀어준다. 또 근육과 허벅지, 장딴지를 한 시간 이상 두들겨 준다. 그러면 종일 몸을 지탱하느라 딱딱해진 근육이 풀어지고 혈액이 순환되면서 몸에 활력소가 생긴다.

• 베개의 중요성
 : 낮은 베개가 주는 질 높은 수면

나는 밤 10시경에는 잠자리에 드는데 12시 전에 못 자거나 자다가 깨면 다시 잠들기가 힘들었다. 대나무 베개를 베고 대나무를 곁에 두고 자면

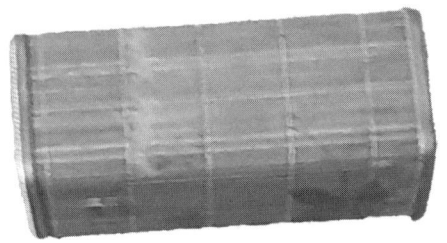

서 혈액 순환이 잘 되어 숙면을 취하게 되었다.

사람은 하루에 7시간을 자야 한다고 한다. 잠이 보약이다. 자는 동안 지친 몸의 피로를 풀 수 있게 숙면을 취하는 것은 중요하다. 대나무를 곁에 두고서부터 잠의 질이 높아짐을 느꼈다. 잠을 잘 자고 일어나면 몸이 개운하고 활기가 넘친다. 나처럼 대나무를 사용하여 숙면을 하고 건강을 지키기 바란다. 자고 나서도 뻐근하고 무거웠던 몸이, 대나무와 함께 잠을 자면 상태가 좋아질 것이다.

잠을 잘 못 자거나 설치면 다음날 정상적인 생활을 하기 어렵다. 하루의 삼분의 일은 잠을 자야 하는 만큼 잠자리는 중요하다. 특히 베개의 중요성이야 말해 무엇하랴. 다른 것은 다 그만두고라도 베개에 대해 말하려 한다.

너무 높은 베개는 좋지 않다. 고침단명(高枕短

命)이라는 말이 있다. 베개를 높게 하면 건강에 좋지 않고 오래 못 산다고 한다. 나는 낮은 베개를 사용하다가 요즘에는 아예 베개를 베지 않는다. 이 덕분에 매번 숙면을 해서 건강을 유지하고 있다. 사람마다 생김새가 다르고 체질이 다르지만, 질 좋은 수면은 누구에게나 필요하다.

건강은 일상의 생활습관에서 챙겨야 한다. 식사 후 걷기 등 작은 것부터 습관으로 만들어 보자. 이를 통해서 신체를 건강하게 해야 한다.

• 전립선 비대증

나이가 들면서 남성들 대부분이 전립선 비대증으로 고통을 받기도 한다. 50대에는 50%, 60대에는 60%, 70대에는 70% 정도가 전립선 비대증이 있다고 한다. 정상의 경우 보통은 하루 여덟 번 정도 소변을 보는데 전립선 비대증이 있을 때는 스무 번이 넘게 화장실을 들락거리게 된다.

그리고도 소변이 찔끔거리며 나와 시원하지 않고 배뇨 후에도 잔뇨감이 남아 있어 불편하기도 하다. 야뇨는 밤에 잠을 자다가 소변을 보기 위해 깨는 것이다. 낮에는 그런 대로 견딜 수 있지만 밤에 자다가 깨어 소변 보러 가는 것은 보통 고역이 아니다. 잠을 제대로 자지 못해 피로가 다음날까지 이어진다.

어렸을 때 내가 배가 아프다고 하면 할머니께서는 '할머니 손은 약손, 우리 손자 배는 똥배' 하시면서 배를 문질러 주셨다. 그때를 생각하면서 고통을 이겨보려고 할머니께서 해주신 대로 배를 손바닥으로 마사지를 했다.

한 달 정도 꾸준히 했더니 많이 완화되었다. 몇

달을 더 꾸준히 하면 더욱 좋아질 것이다. 수술을 하지 않고 완치해 보려 노력하고 있다. 대나무를 가까이 두는 것은 혈액순환에 도움이 되어 전립선 비대증에도 도움이 될 거라고 생각한다.

또한 매일 규칙적으로 변을 보는 것이 좋다. 바쁜 출근 시간 등을 이유로 아침을 거르는 등 불규칙적인 식사로 인해 변비로 고생하는 것을 많이 봐 왔다. 변비가 생겼다고 해서 빨리 해결하려고 약을 먹는 것보다는 물을 많이 마시고 괄약근을 조였다 폈다 하는 운동을 자주 하기를 권한다. 큰 노력 없이도 매일 상쾌하게 볼일을 보게 될 것이다.

담배 술 커피를 삼가라. 건강에 좋은 음식을 먹는 것이 힘들다면 최소한 몸에 안 좋은 음식이라도 먹지 않도록 해보자.

- **치석 완화**
  : 구강질환에 도움이 되는 천일염

치아의 중요성 또한 말할 나위가 없다. 치아가 좋은 것은 오복 중에 하나다. 몸으로 들어가는 음식물을 입안에서 오래 씹어 삼키면 씹는 동안 좋은 효소가 나와 소화도 잘 되고 건강에도 좋다. 만약 치아가 안 좋아서 마음껏 음식을 먹지 못한다면 영양분을 제대로 섭취하지 못해 균형 있는 몸을 유지하기 어려울 것이고 건강을 해칠 수도 있다.

하루 두 번, 아침 저녁 식사 후 바로 양치질하는 것은 치아를 건강하게 유지하는 데 도움이 된다. 또한 잇몸이 잘 관리되어 좋은 상태를 유지하고 건강한 식생활을 할 수 있다.

나는 여기에 한 가지 더 권한다. 천일염을 치약과 함께 사용해서 양치를 하는 것이다. 평소에는 물론이고 잇몸이 붓거나 시리고, 피 나거나 씹는 게 불편할 때, 차가운 음식을 먹고 이가 시릴 때 효과를 볼 수 있다. 잇몸 염증이 완화되고 피 나는 것을 예방하여 잇몸을 건강한 상태로 유지하고 건강한 식생활을 할 수 있다.

임플란트를 2개 했지만 여전히 치아가 건강하고 튼튼하여 음식을 가리지 않고 잘 먹고 잘 소화시킨다. 소금으로 양치하면 치석도 별로 생기지 않아 따로 치석을 제거할 필요가 없으니 치석을 제거할 때의 고통도 덜 수 있다.

사용한 칫솔은 욕실에 두지 말고 햇빛에 건조시키면 칫솔에 남아 있는 세균을 죽이는 데 도움이 된다.

• 가을 남자
: 겨울을 위해서 가을에 대비하라

건강한 신체에 건강한 정신이 깃든다는 말이 있다. 사람마다 저마다의 습관이 있고, 체질이 다르지만 나는 특히 가을에 건강을 많이 신경 쓰는 편이다.

많은 곡식이 결실을 맺는 가을에는 운동이며 음식 하나하나에 신경을 써서 체력 증진을 열심히 하는 가을 남자가 된다. 식욕도 왕성해지고 체력을 기르기 좋은 계절이다.

천고마비(天高馬肥)의 계절, 가을에 나는 제철 음식을 섭취하고 음식을 통해서 얻은 영양분을 바탕으로 체력을 튼튼하게 다져서 다가올 추운 겨울을 대비한다.

우리의 인생도 자연과 마찬가지다. 모든 것이

왕성하게 자라는 여름이 지나면 그간의 살아왔던 삶을 열매로 내려놓고 긴 겨울 채비에 들어간다. 겨울은 추운 탓에 몸도 움츠러들고 기력도 줄어든다. 이에 대비해 가을에 체력을 충분히 축적해 두는 것이 중요하다. 건강한 생활습관과 운동으로 겨울을 대비하자.

가을에 준비를 잘 해야 혹독한 겨울 추위를 이겨내고 새봄에 다시 회생한다. 몸은 건강할 때 잘 관리해야 한다. 아픈 다음에 건강에 신경을 쓰는 것보다 건강할 때 잘 관리해야 병이 들어오지 않는다.

또 겨울에는 손발을 깨끗이 하고 따뜻하게 관리해야 한다. 그렇지 않으면 손과 발이 마비될 수 있다. 이럴 때는 당황하지 말고 손과 발을 따뜻하게 하고 골고루 주물러서 혈액이 잘 돌아가게 해야 한다.

약을 먹을 때도 정성을 다하는 게 좋다. 내 경험으로는 약을 먹고 왼쪽으로 누워 한 시간 정도 있으면 약이 몸에 흡수되는 게 느껴진다. 그러나 오른쪽으로 누우면 열 시간 이상 있어야 효과를 보고 바른 자세로 누워 있어도 2~3시간 정도 효과가 지연된다.

- **회춘**
: 생활 습관으로 건강을 유지하다

이렇게 내 몸을 부지런히 보살피며 사는 것은 첫째로 나에게 좋은 것이지만 두번째로는 가족과 자손들에게도 좋다. 늙은 부모가 병치레로 골골하고 있다면 자식들 마음이 얼마나 아플 것이며 그로 인한 수고도 만만치 않을 것임을 알기에 살아있는 동안은 내 힘으로 움직여서 잘 관리할 것이다. 강조하고 또 강조하고 싶다.

부지런하고 건강한 생활 습관을 유지하다 보니 회춘(回春)하는 느낌이 난다. 육체적으로도 징표가 나타나기도 한다. 이는 건강관리를 통한 결과이다. 팔십이 넘은 나이인데도 몽정(夢精)을 하고 머리가 백발인데도 한쪽에서는 검은 머리가 희끌거리며 나오고 있다.

감기도 잘 걸리지 않고 감기에 걸린다 하더라도 십 년에 한 번 정도 걸릴까 말까 한다. 약을 먹지 않고도 20일 정도 지나면 감기 기운이 없어진다. 코로나19가 기승을 부리는 동안에도 코로나에 걸리지 않을 정도였다.

건강에는 1단계 2단계 3단계가 있다. 1단계는 건강할 때 지키는 것이고, 2단계는 병이 나면 바로 고치는 것이다. 노력을 해서 건강을 되찾아야 한다. 3단계까지 간다면 아마 건강을 되찾기 힘들 것이다.

어떤 사람들은 내가 매일 운동을 하고 하루 만 보씩 걷기를 하니까 노인들은 시간이 많으니 한가하게 운동을 할 수 있지만, 젊은 사람들은 회사에 가거나 일을 해야 해서 그렇게까지 운동할 시간이 없다고 말하기도 한다.

하지만 운동이란 것은 습관이 안 되면 하기 어렵다. 시간이 남아돌아도 관심이 없거나 습관 들이지 않으면 하기 힘들다. 나는 젊어서부터 건강 관리를 위해 운동을 하고 건강한 습관을 꾸준히 들여서 몸에 배게 했기 때문에 지금의 건강 상태를 유지하고 계속 운동을 하게 만드는 원동력이 되었다. 다른 것과 마찬가지로 건강도 유비무환이다. 건강할 때 미리미리 준비하는 것이 좋다.

건강을 잃는다면 모든 것을 잃게 된다는 것을 명심하길 바란다. 아무리 강조해도 부족하지 않다. 젊다고, 지금 건강하다고 해서 건강을 가볍게 생각하지 않았으면 좋겠다.

나는 저녁에 일찍 자고 아침에 일찍 일어나는 생활습관을 유지하고 있다. 새벽에 일어나면 제일 먼저 방을 청소하고 신문을 본다.

청소기나 밀대 없이, 옛날 어머니들이 쓰셨던 걸레 손수건을 반으로 잘라서 손으로 청소한다. 청소를 할 때에는 왼손, 오른손을 번갈아가며 운동 삼아서 청소를 한다. 쪼그리고 앉아서 하는 것이 아니라 엉덩이를 바닥에 대고 양팔을 골고루 번갈아가며 방 구석구석을 땀이 나도록 힘껏 걸레질을 한다. 이 덕분에 운동이 되어 몸이 풀리고 저절로 스트레칭이 된다. 이렇게 청소한 덕분인지 어깨결

림과 통증 없이 지낸다.

　물도 많이 먹는다. 아침에 물을 마셔서 잠들어 있는 몸을 깨우고 혈액 순환을 돕는다. 한창 때에는 일이 끝나고 친구하고 둘이서 소주 25병을 먹고도 끄덕없었다. 지금은 술은 되도록 마시지 않지만 지금의 몸상태가 그때와 별반 다르지 않다.

　• 만 보 걷기
　: 걷기의 이로움

　매일 걷는다는 것이 말처럼 쉬운 일은 아니다. 비가 오고, 눈이 오고, 춥고, 바람이 불고, 시간이 없어서 등. 그밖에 여러 이유로 매일 만 보를 걷지 않을 이유는 많고도 많다. 여간해서는 하루에 약 8km에 이르는 20리 거리를 걸으며 만 보를 채우는 것이 쉽지 않다.

하지만 걷기는 가장 좋은 건강 유지법 중 하나다. 시간도 장소도 여의치 않아 걷는 것이 힘들다면 매일 걷는 것만큼 제약된 시간에 동일한 효과를 내는 방법이 있다. 하루에 50계단씩 3번만 오르내리면 만 보 걷기 이상의 건강 효과를 얻어낼 수 있다. 하루 중에 세 번 나눠 50계단을 올라가는 것도 같은 효과가 있다고 한다.

나는 집에서 까치울역까지 30여 분 걸리는 거리를 걸어서 다닌다. 운동 삼아 일부러 시간 내서 걷는다. 볼일을 보기 위해 시내에 나갈 때면 BMW(비엠더블유)를 이용한다. BMW는 B(버스) M(지하철) W(걷기)를 뜻한다고 한다. 자가용 타고 왔다 갔다 하는 것보다 걷거나 대중교통을 이용하는 것이 더 좋다는 것을 고급 외제차인 BMW를 탄다고 비유해서 말하는 것 같다.

비가 오나 눈이 오나 바람이 부나 추우나 더우나 무조건 걸어서 간다. 왔다 갔다 하며 걷는 사이에 햇빛도 많이 쬐니 일석이조다. 날이 궂거나 많이 추울 때가 아니라면 시간 내서 걷는 게 좋다.

걸을 때도 빌딩이 많거나 나무가 많은 곳은 피해서 걷는다. 해가 가려져 햇빛을 제대로 쬐기가 쉽지 않기 때문이다. 큰길을 따라 걸으면 햇빛을 무한정 공짜로 받을 수 있다. 햇빛으로 인해 몸도 건강해지니 하루에 한 시간 정도 시간 내서 걷기를 권한다.

식물도 노지에서 키운 것하고 비닐하우스에서 키운 것은 다르다. 비닐하우스에서 자란 야채들은 햇빛을 보지 못해 맛도 덜 나고 색깔도 진하지 않고 생명력이 부족하다. 노지에서 야생으로 자란 것들은 다소 거칠어 보이지만 단단하고 야무지고 맛도 깊은 것을 알 수가 있다.

• 실내 운동

  날씨 등으로 인해서 바깥에서 운동하기 마땅치 않을 때가 있다. 황사가 많이 끼거나 비가 오거나 눈이 내릴 때는 야외 운동보다는 실내에서 운동을 한다.

  누워서 몸통 돌리기를 하고, 팔굽혀펴기, 다리를 위아래로 올렸다 내렸다 하기를 30분 가량 한다. 움직여서 할 수 있는 몸 운동은 거의 한다.

  몸에서 땀이 나도록 하고는 쉬면서 호흡을 가다듬는다. 실내에서는 간편한 복장으로 할 수 있으니 날씨 탓을 하며 운동을 거르지 않고 꾸준히 하려고 한다.

- **지압**(指壓)의 생로병사(生老病死)
: 옛날 지혜를 이용한 모기 잡기

여름에는 모기가 극성을 부린다. 모기장을 쳐도 사람이 모기장에 드나들 때, 같이 따라 들어오는지 밤에 앵앵대는 통에 잠을 설치게 한다. 많지도 않고 한 마리만 앵앵대도 잠을 잘 수가 없어 이 모기를 잡으려고 결국에는 밤에 일어나 불을 켠다. 하지만 벽이 아닌 모기장에 붙어 있는 모기를 잡는 일은 쉽지 않다. 모기 잡기에 실패하면 잠도 설치고 참 고통스럽다.

이럴 때 내가 쓰는 묘수가 있다. 모기장을 한데에 모아놓고 지압을 이용해 밟아서 모기를 잡는 방법을 제안한다.

지압의 유례는 겨울철의 보리 농사에서 왔다. 겨울에는 보리와 땅 사이가 부풀면서 땅이 들어 올

려진다. 그래서 보리밭을 발로 밟아서 들뜬 보리를 땅에 안착시켜 성장에 도움을 주는 작업이다.

여기에서 착안하여 떠오른 아이디어다. 마찬가지로 모기장을 한데로 모으면 모기장이 겨울의 땅처럼 부풀어 오른다. 이때 이 모기장을 지근지근 골고루 발로 밟으면 어디에 붙어 있는지 알 수 없는 모기를 쉽게 잡을 수 있다. 이런 방법으로 귀찮은 모기를 잡았다.

여름에 한두 번만 밟아주면 모기가 생로병사의 원리를 알게 되는지 모기장으로 들어오지 않는다. 참으로 신기하다.

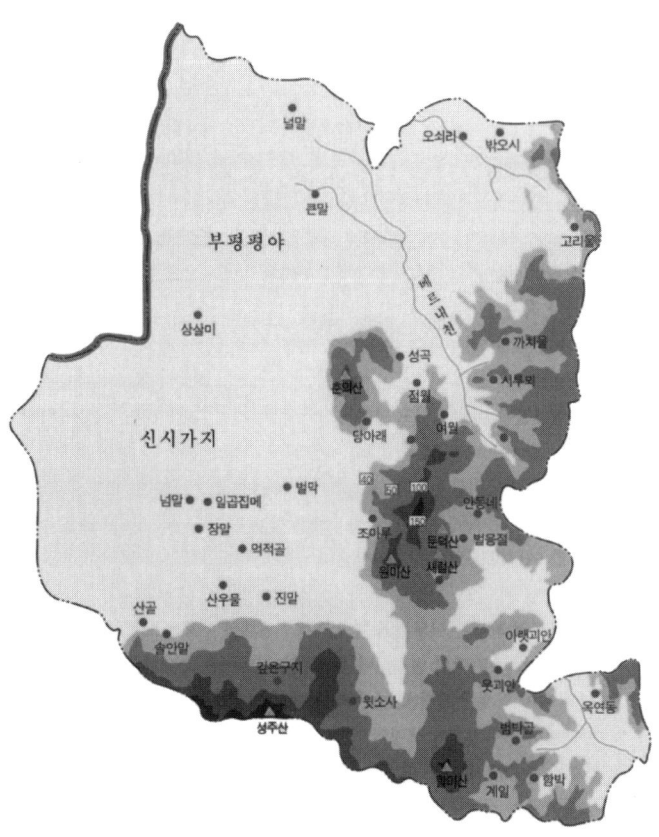

지도 출처 : 부천시청

2. 나의 고향 : 부천시 오정구 여월동

- 고래산 가지 뷰 카페
- 산 좋고 물 좋고
  사람 좋은 나의 고향

• 고래산 가지 뷰 카페

나는 태어나고 자란 이곳 부천시 오정구 여월동에서 지금까지 살고 있다. 내 아버지가 터를 일구고 삶을 꾸리신 곳에서 대를 이어 이곳을 지키며 산다.

내 고향 여월동은 예전부터 살기 좋은 곳이다. 나는 집 근처에 있는 카페에 앉아 고래산을 바라보는 것을 좋아한다. 큰 바다에 솟은 고래등처럼 생겼다고 해서 고래산이라고 부르는 것 같다. 고래는 바다의 왕이니 이곳 지형은 좋을 수밖에 없다.

나는 카페에서 '가지 뷰'를 즐긴다. 카페의 탁 트인 창을 통해 산이 훤히 보이는 이곳을 젊은 사람들이 말하는 식으로 '가지 뷰'라고 한다. 산에 있는 나뭇가지가 바로 눈앞에 있는 것처럼 잘 보이기 때문에 그렇게 부른다.

　이곳에 앉아 있으면 사계절 바뀌는 풍경을 그대로 눈에 담을 수 있다. 봄이면 파릇파릇한 잎이며 아름다운 꽃들이 만개하고, 여름에는 푸른 이파리들이 무성하게 자라 눈을 시원하게 해준다. 또 가을의 단풍도 일품이다. 눈 덮인 겨울의 하얀 풍경도 좋다. 이 모든 것을 카페에 앉아 창을 통해 즐긴다.

　손님이나 친구가 오면 담소 나누기도 좋아 따로 사무실을 얻지 않고 이곳에서 간단한 업무를 보기도 한다.

　산보 삼아 산 밑에 있는 어릴 적 살던 곳까지 자주 걷는 것도 나의 취미 중 하나다.

• 산 좋고 물 좋고 사람 좋은 나의 고향

　이 동네는 풍수 좋은 곳이라 인재가 많이 나왔다. 하버드 의과대학에 들어간 사람도 나오고 서울대 의대 들어간 사람도 배출했다. 산 좋고 물 좋아 사람 살기 좋은 동네다.
　중동 신도시를 조성할 때 고래산의 흙과 포부대의 흙을 일부분 파내가서 메꾸느라 지금은 다소 원형이 변형되긴 했어도 산이 가지고 있던 원래 맥은 그대로 남아 있다.
　지형상으로도 서북쪽으로 산이 배경이 되어 마을을 둘러싸고 산의 기운이 좌우로 뻗어 나가 삼태기 안 같은 모양, 어머니 자궁과 같은 곳에 마을이 자리잡은 명당이다.
　현재에는 잘 보이지 않지만 이 앞에 베르내천이 흘렀다. 사람 사는 데 제일 중요한 물이 흐르고 마을의 뒤를 든든하게 막아주는 산이 있는 배산임수 지형이 좋은데 여기는 그런 좋은 풍수에 맞는 곳이다. 양지 바르고 아늑한 기슭에 마을이 자연스레 형성된 것이다.

부천군 오정면에는 10개 리가 있었다. 원종리를 비롯하여 고강리 작리 여월리 도당리 내리 삼정리 약대리 오정리 대장리가 있었다. 지금은 오정면은 오정구로, 각 리는 동으로 행정 명칭이 변경되었다.

약대리 이경수 씨와 고강리 변윤수 씨, 여월리 우리 아버님께서 초대 조합장을 이경수 씨로 추대하여 오정농협을 창설하셨다. 조합원이 된 농민들에게 벼 한 가마니씩을 받아 농협을 만드는 데 사용하였다. 오정농협은 60여 년 이상이 되었고 전국 농협 중 선두주자에 속한다.

아버지께서는 오정면 노인회 부회장을 역임하셨다. 회원들이 회장직을 권유했으나 아버지는 고사하시고 고강동도 박재선 씨에게 양보하셨다. 당시 여월동에는 100여 가구가 모여 살았는데 지금은 대부분 떠나고 예전 이웃은 10여 가구 정도 남았을까 싶다.

박정희 대통령 당시 경인고속도로가 건설되고 마을 이곳저곳에 크고 작은 도로가 생기면서 농사를 짓고 살던 농촌 마을이 급격히 도시화되었다. 서울 근교여서 도로가 여기저기로 뻗어나가면서 살기가 더 좋아졌다.

도로가 나고 땅값이 올라가면서 많은 사람들이 떠나고 새로운 사람들이 들어오면서 마을은 변해 갔다.

나는 오정면사무소에서 근무를 시작하여 이

후 부천시로 승격한 뒤 부천시청에서 정년 퇴임하였다. 이후로도 이곳을 떠나지 않고 계속 살고 있다.

3. 그리운 나의 부모님

- 아버지의 가르침
- 인자하신 어머니

• 아버지의 가르침
: 인사의 중요성

아버지의 함자는 류태영(柳泰永)이고 호는 우암(尤庵)이다. 1917년 뱀띠로 음력 5월 20일에 태어나셔서 2005년 7월 22일에 88세의 나이로 돌아가셨다.

이버지는 동네에서 평판이 좋으셨고 항상 지역사회의 귀감이 되셨다. 동네 사람들과 아버지 친구분들은 나에게 항상 아버지를 닮으라고 말하면서 아버지의 인품됨을 칭찬하셨다.

아버지께서는 동네 어르신들을 만나면 항상 인사하라고 말씀하셨다. 인사성이 밝아야 뺨 맞을 일이 없다고 하셨다. 그래서 나는 동네 어르신들을 공경하는 마음으로 항상 인사를 잘해 인사성 밝다는 칭찬을 들었다. 주변 사람들을 대할 때마다 늘 조심하고 잘해야겠다고 마음먹었다.

아버지는 부천 북초등학교 2회 졸업생이시다. 학창시절에도 공부를 잘 하셨다. 시험을 볼 때마다 1등을 하셨지만 일본 선생님은 아버지께 2등만 주셨다. 그래서 아버지는 왜 자기에게 2등만 주냐고 말씀을 드리니, 일본 선생님은 아버지가 1등보다 음악, 미술, 체육에서 뒤져서 2등을 주는 거라고 했다고 한다. 그러나 결국 졸업할 때에는 1등으로 졸업을 하셨다. 아버지께서는 1등으로 졸업한 졸업장을 나에게 보여주셨다.

할아버지께서는 아버지가 초등학교를 졸업하자마자 결혼을 하라고 하셨다. 그렇게 아버지는 어머니를 만나게 되었고, 어머니는 두 살 연상이셨다.

아버지는 결혼을 하고서 서울 관철동의 중앙청 앞에 있는 철물점에 직원으로 취직을 하셨다. 아버지께서는 철물점 직원으로 일하면서도 주인집의 3학년, 5학년 국민학생을 가르치셨다. 학생들은 아버지 덕분에 학교에서 시험을 보면 좋은 점수를 받아왔다.

주인집 사장은 아버지가 잘 가르친 덕에 자식들이 좋은 성적을 받아왔다고 아버지를 좋아하셨다. 그러나 아버지는 그곳에서 오랫동안 일하지 못하셨다. 할아버지께서는 부천에서 서울 관철동에 있는 철물점까지 매일같이 걸어서 찾아와서 아버지를 집으로 데려가려고 하셨다. 집에 혼자 계신 어머니를 위해서였다.

철물점 사장은 월급으로 송아지 한 마리 값을 주었다. 그러나 할아버지는 아버지에게 집으로 돌아가자고 하셨다. 사장은 안타까워하며 18살이 되면 중앙청에 들어갈 수 있으니 조금만 더 같이 일을 하자고 한사코 붙잡았다.

아버지는 어디에 있어도 최선을 다해 일을 하고 능력을 발휘하여 주위 사람들의 신임을 받는 그런 분이셨다.

아버지는 철물점 일을 그만두는 게 아깝고 서운했지만, 그럼에도 할아버지의 뜻을 따라 시골로 낙향하여 농사를 짓다가 이후 다시 경찰에 들어가셨다.

6·25(한국전쟁) 발발
: **아버지의 평판으로 6·25에서 살아남다**

그러던 중 6·25(한국전쟁)이 일어났다. 내가 국민학교 1학년 때의 일이었다. 피난 전에 잘 먹고 가야 한다며 동네에서 돼지 한 마리를 잡아 동네사람들과 나눠 먹고 피난처로 떠났다. 어머니는 국민학생인 나에게 돼지 넓적다리를 들고 가라고 하셨다. 그렇게 피난길을 나서서 옛 유한양행 공장(하우고개)에 도달했는데 우리나라 비행기가 유한양행 공장 일대를 폭격하였다.

    북한군들이 총을 질질 끌며 와서 우리에게 엎드리라고 소리를 질렀다. 그 난리통에 이리저리 피해다니다가 돼지 넓적다리를 잃어버렸다. 간신히 걸어서 안산에 있는 친척집에 도착했다. 주위에 있는 나뭇가지를 주워 와서 밥을 해먹었다. 그러나 친척집에 머무는 것도 하루이틀이지 먹을거리가 떨어졌다.

    형님이 농사일 하던 아저씨와 함께 걸어서 부천 여월동에서 쌀을 가지고 와서 밥을 해먹고 살았다. 부천에서 안산까지 또 걸어서 쌀과 부식을 가져다 먹었는데 그렇게 계속해서 살기는 힘들어서 안산에서 부천집으로 다시 이사를 하였다.

　북한군이 우리집에 인민군 소대 본부를 차렸다. 따로 우리 식구가 살 수 있는 공간을 한편에 내주었다. 북한군은 우리집 양식을 훔쳐먹거나 빼앗지는 않았다. 또 1·4후퇴 때는 북한군이 저녁에 따발총으로 중무장을 하고 우리집에 들이닥쳐 저녁밥을 해내라고 해서 무서워서 밥을 해주기도 했다.

　그때 우리 아저씨에게 이북은 살기 좋다고 하면서 같이 가자고 하였다. 어머니는 남편이 이북으로 갔고, 가정사정이 안 좋아서 그럴 수 없다고 했다. 그 덕분에 북한군은 아저씨를 데리고 가지 않았다.

　아버지는 당시 대한민국의 경찰이었다. 이웃에서 우리를 경찰 가족이라고 밀고했다면 우리 가족은 다 죽은 목숨이었을 것이다. 하지만 평소에 아버지의 성품이 좋기로 소문이 났고 동네사람들에게 인자하게 대했기 때문에 사람들은 그 누구도 우리를 경찰 가족이라고 밀고하지 않았다. 그 덕분에 우리 가족은 난리통에도 무사할 수 있었다.

그런데 이웃집에 또 다른 경찰 가족이 있었다. 그 이웃집은 사람들이 경찰 가족이라고 북한군들에게 고발해서 사살당할 뻔했다. 하지만 가족 중에 경찰은 없고 따로 사는 동생이 경찰이라고 둘러대어 간신히 죽음을 면했다.

그 동생이 우리집 근처에 살았었다. 북한군이 다시 그 동생집에 가서 당신 아들이 경찰 가족이라고 하더라면서 모두 총살하려고 했는데, 자기네는 경찰 가족이 아니고 저 건너편에 사는 형님네가 경찰 가족이라고 또 다시 둘러대서 북한군들은 화풀이만 하고 그냥 가버렸다.

우리집에 북한군이 두 번이나 왔는데도 경찰 가족이라는 것을 들키지 않았으니, 아버지가 얼마나 인덕을 많이 쌓았는지를 잘 알 수 있는 사건이었다. 동네에서 그 누구도 밀고한 사람이 없어서 경찰 가족이지만 우리 가족은 무사히 피해없이 6·25를 잘 넘길 수 있었다.

국민학교를 졸업할 때 일본 선생님은 아버지에게 중학교에 진학하라고 하였다. 공부를 잘하니 장학생으로 학비가 면제될 것이라 중학 진학을 권하신 것이다. 그러나 당시는 일제강점기라 할아버지께서 일본 세상 아래에서 계속 교육을 받으면 일본놈이 된다고 반대하여 중학 진학이 좌절되었다.

할아버지께서는 반일 운동을 하셨다. 할아버지는 우리가 살 수 있는 집을 지으시고 3년을 넘기지 못하고 돌아가셨다. 옛부터 집을 짓고 3년을 나기가 힘들다는 말이 있다. 우리들에게 좋은 집을 남기시느라 너무 애를 쓰신 것 같다. 훌륭하신 할아버지다.

아버지는 자식들에게 평생을 일구고 지켜온 재산을 골고루 나누어 주시고, 생전에 여기저기 흩어져 있는 조상묘도 정리하고, 당신의 수의까지 직접 마련하셨다. 또 납골당까지 마련하여 후손들에게 조금도 불편한 일이 생기지 않도록 준비하셨다. 앞을 내다보는 혜안도 가지신 분이다. 고맙고 자랑스러운 아버지, 오늘의 내가 있음은 모두 아버지 덕분이다.

우리 자식들도 내 아버님의 곧은 품성을 배우고 존경하고 닮기를 바란다. 이웃 어른들에 대한 공경심, 이웃에 대한 배려 등을 항상 명심하고 실천하길 바란다.

- 인자하신 어머니
  : 사랑방, 말방

어머니의 함자는 임음전(任陰全)이시다. 아버지보다 두 살 연상이셨다. 어머니는 안방마님답게 조용하고 침착한 성품을 지니셨다. 항상 집안을 정갈하게 지키며 우리 형제들을 세심하게 돌보셨다. 인심도 후하고 인정이 많아서 집에 오는 사람들을 다 넉넉히 대접하셨다.

우리 가족과 주변 사람들에게 큰 위로와 힘이 되었다. 어머니의 존재만으로도 푸근하고 안정감이 들었다.

어머니는 6년 전 103세의 나이로 돌아가셨다. 돌아가시기 전까지도 약간의 치매 증상이 있었던 거 외에는 비교적 건강하게 잘 지내셨다.

옛날에는 겨울이 되면 밤마다 우리집 사랑방에 동네분들이 열 명 이상 모였다. 마땅히 갈 데도 없고 즐길 거리도 없던 시절이라 동네분들이 긴긴 겨울밤을 보내려 우리집에 모여들면 아버지는 말없이 사랑방을 내어 주셨다.

말방이라 불리는 작은 사랑방 같은 장소에서 동네 사람들은 함께 소일하며 시간을 보냈다. 여기서는 서로의 이야기를 듣고 나누며 웃음 소리가 항상 새어나왔다.

어떤 날은 놀이와 춤으로 시간을 보내기도 했고, 때로는 의견이 맞지 않아 다투기도 했다. 그러나 그곳은 정겹고 다정한 문화의 장소였다. 함께하는 시간이 서로에게 넉넉함을 안겨주었고, 이웃 사이의 유대감을 더욱 깊게 만들었다. 동네분들은 놀기도 하고 이야기도 하며 밤을 보냈다. 그곳은 따뜻함과 웃음이 항상 넘쳤다.

어머니는 따뜻하고 관대한 마음을 가진 분이셨다. 밤이 깊어지면, 어머니는 말방에 있는 이웃들을 생각해 밤참으로 국수를 삶아서 대접하셨다.

먹을 것이 풍족하지 않던 시절이어서 밤 10시 정도 되면 사람들이 출출할 것을 생각해 내어 놓으신 것이다. 어머님은 당신의 수고로움은 아랑곳 않고 뜨뜻한 한끼를 대접해 따뜻하고 여유있는 시간을 보내도록 배려하신 것이다.

이 작은 배려에는 어머니의 인성이 그대로 드러난다. 어머니는 언제나 이웃들의 편안함을 먼저 생각하신 것 같다. 이웃들에게 좋은 기억으로 남았을 것이다.

사랑방은 지금은 추억 속에만 남아 있는 장소다. 사람들이 모이다 보니 이런저런 일들이 있었지만 추억의 사랑방, 지금은 찾아보기 힘들다.

4. 내 인생의 반려자

- 지혜로운 서울 사람
- 남편을 공경하고
  귀하게 대해 주는 아내

• 지혜로운 서울 사람

　내 아내 최용림은 1949년생으로 서울 사람이다. 부유한 가정에서 부족할 것 없이 자란 귀한 막내딸이다.
　아내와의 인연은 조카가 서울로 유학을 가면서 시작됐다. 조카가 서울 아현동에서 방을 얻어 사는데 그 집에 들락거리던 나를 좋게 보신 주인 아주머니께서 참한 아가씨를 소개시켜 준다고 했다.
　처음 만난 아내는 한눈에 내 맘에 쏙 들었다. 아내도 싫은 눈치는 아니었지만 대놓고 좋다고 하던 시절이 아니어서 내색을 하지 않았다. 나는 아내를 보기 위해 일요일마다 부천에서 서울로 갔다. 아내는 좋다 싫다 표현을 안 했지만 장모님 되시는 분이 또 나를 좋게 보셔서 내가 갈 때마다 늘 밥을 해

주시며 마음에 들어하셨다.

　아내는 고등교육을 받은 엘리트로 은행에서 근무하고 있었다. 우리는 내 나이 29살, 아내 나이 23살에 약혼을 하고 결혼을 했다. 서울 종로예식장에서 결혼식을 올렸다. 부천 군수가 주례를 섰다.

　아버지께서는 은행원으로 일하는 아내를 보고는 우리집에 '그늘의 밀대'가 들어왔다고 하셨다. 비슷한 시기에 아랫집에도 며느리가 들어왔는데 그 집에는 황소가 들어오고 우리집에는 그늘의 밀대가 들어왔다고 하신 걸 보니 일손이 부족한 농사일에 힘이라도 보탤 며느리가 들어오기를 바란 게 아니신가 싶다.

　'그늘의 밀대'란 그늘에서 자라는 밀을 말한다. 보릿대보다 밀대가 약하다. 키만 크고 힘이 없는 밀대, 그것도 그늘에서 자랐으니 더 힘이 없다는 것을 말하는 것이었다. 바깥에서 일하는 것이 아니고 사무실에서 일했으니 곱고 여리게만 보신 것 같았다. 아내가 힘든 농사일을 하거나 살뜰히 나무 해 와서 남편 밥해 주면서 살기는 어려울 거라는 말이었다.

아랫집은 벼를 수확하고 나서 볏단을 며느리와 시아버지가 함께 척척 올려 쌓는데 네 색시는 곱게 사무일만 보던 처자라서 그런 건 못할 거라는 거였다.

당시 시골은 농사를 짓는 것이 큰 일이었다. 땅이 많은 땅 부자는 일할 것이 많은 일 부자를 뜻하며 농사에 보탬이 될 일손 하나가 아쉬운 상황이었다. 내심 며느리가 농사일에 보탬이 되기를 바라고 계셨는지 모르겠다.

아버지께서는 땅을 많이 가지고 있어서 몸으로 힘을 쓰는 일을 많이 하는 사람이 필요한데 서울에서 곱게 책상에서 펜만 쥐고 일하던 사람이 농사일을 하기는 어렵다고 생각하신 듯했다.

하지만 아내는 뜻밖의 반전을 보여줬다. 곱디고운 안방마님 같던 아내는 결혼을 하고 나서는 완전히 다른 모습을 보여줬다. 성격이 긍정적이고 적극적이었다. 결혼 후에 다니던 은행을 그만두고 서울에서 시골로 왔어도 일을 겁내거나 피하지 않았다. 아버지가 걱정하신 것과는 영 딴판으로 일을 가리지 않고 척척 해냈다.

당시에는 부엌에서 연탄불로 밥을 해먹고 살았는데 연탄 화덕이 망가지니까 아내는 혼자서 부뚜막을 고쳐보려고 이것저것 손을 대며 어떻게든 해보려고 했다. 새댁이 막일 거친 일 가리지 않고 하려는 것을 보고 동네사람들이 놀라워했다. 그리고 아버지 친구분들이 와서 서로 도와주었다.

• 남편을 공경하고 귀하게 대해 주는 아내

아내 덕에 지금의 재산도 일구었다. 우리는 내 월급을 포함해 수입의 70%를 저축하고 살았다. 모두 아내의 살뜰함과 부지런함이 없었다면 이룰 수 없는 일이었다. 아내의 현명함과 적극적인 성품이 지금의 넉넉한 형편을 이루는 데 큰 밑받침이 되었다.

겉보기에 힘은 없어 보였지만 현명하고 지혜로운 부인이었다. 아내 없이 어떻게 살았을까 싶을 정도였다. 일꾼들을 이끌면서 집안의 농사를 다 해내고 아이들도 잘 키웠다. 지금까지 내가 건강하게 지내는 것 역시 아내 덕이다. 친구들이 내 얼굴을 보면 집사람이 잘해줘서 건강해 보인다고 한다.

아내는 지금도 바깥 활동을 활발하게 하고 있

다. 주위사람들의 신망도 두텁고 리더십이 있어서 대장부 역할을 한다. 요샛말로 왕언니라고 불리며 모두들 따른다. 말이 많지 않으면서 꼭 필요한 말을 적절한 때 하는 지혜로운 사람이다.

또한 아내의 지혜로움은 자리에 연연하거나 집착하지 않고 후배들을 위해 자리를 다 내놓은 데서도 나타난다. 모임에서는 늘 대표를 맡아 하곤 했다. 계속 대접받으며 자리를 지켜도 되는데 스스로 자리에서 물러나 젊은 사람들이 일하도록 자리를 양보하고 뒤에서 도와주는 역할을 한다.

여러 단체에서 리더를 했지만 지금은 단체가 잘 유지되도록 뒤에서 돕고 있다. 단체에서 의견이 안 맞아 이런저런 잡음이 생길 때 아내가 나서서 정리하면 모두 아내의 말에 수긍을 하고 말없이 따를 정도로 리더십이 있다. 그래서 지금도 사람들이 많이 따른다.

또한 성격이 곧고 하고자 하는 일에 최선을 다한다. 대충하지 않는 성격이다. '우슈'라는 운동을 오랫동안 했는데, 배우는 데 그치지 않고 강사까지 할 정도로 철저히 했다. 무엇이든 최고의 자리까지 오를 정도로 열심히 했다.

아내는 그림도 잘 그린다. 그림에 취미가 있어서 배우러 다니는가 싶었는데 집에서 그리는 것을 보니 그림을 잘 알지 못하는 내 눈에도 썩 잘 그리는 것 같았다.

이런 아내가 자랑스럽고, 자신이 좋아하는 일을 하면서 시간을 보내는 모습이 아주 보기 좋다.

무엇보다 아내는 늘 나를 존중하고 귀하게 대해 준다. 내가 밖에 나가서도 기를 펴고 다닐 수 있는 것은 나를 내조해 주는 아내 덕분이다. 아내는 바깥일로 바쁘게 활동하는 중에도 번거로울 수도 있는데 나를 위해 매끼 식사를 챙겨준다. 점심은 친구나 지인과 함께 하지만 아침과 저녁은 항상 아내와 함께 먹는다. 수술하러 병원에 입원한 때를 제외하고는 아내는 항상 손수 내 밥상을 차려주었다.

친구 중에 지금까지 부인이 밥을 차려주는 경우는 많지 않아서 매끼 아내가 차려주는 밥을 먹는 나를 부러워하며 다들 내 혈색이 좋다고 한다. 남편을 공경하고 귀하게 대접을 해주는 아내 덕에 밖에 나가서 다닐 때도 든든하다.

나 역시 아내가 하는 일은 무조건 존중하고 지지한다. 아내와 오래도록 건강하게 해로하고 싶다.

5. 오늘도 배우고 익힌다

- 오늘도 배우고 익히며
- 허리띠 졸라매기
- 괘종시계

• 오늘도 배우고 익히며

　나는 1943년 부천에서 육남매 중 셋째로 태어났다. 위로 형님들 두 분이 계셨고 남동생 하나, 여동생이 둘이다. 지금 살고 있는 부천 여월동에서 나고 자라 이제껏 살고 있다. 부모님이 사시던 곳에서, 내가 익숙하고 편하게 여기는 곳에서 낯선 환경 변화 없이 한 곳에서 살아온 것은 감사한 일이다. 모두 부모님 덕이다.
　아버지는 1만여 평 농사를 지었다. 아버지께서 농사를 많이 지으셔서 일손이 모자란 터에 중학교를 졸업하고 고등학교에 진학하겠다는 말을 못 하고 있었다. 내가 학교 가느라 일손이 줄어들면 아버지가 더 힘이 드실까 염려가 되었기 때문이다.
　옛날에는 땅이 많은 것이 부의 척도라기보다는

할 일이 많은 일 부자라는 생각이 먼저 드는 때였다. 땅 부자가 아니라 일 부자였다. 형제들도 많고 농사일이 많은 형편에 내가 고등 교육을 받겠다는 것이 이기적으로 보일 수도 있던 시기였다.

일꾼들이 있다고는 하지만 내가 농사일을 하면 아버지께 보탬이 되는 터라 학교에 가지 않겠다고 말씀드렸는데 아버지께서는 공부해야 한다며 고등학교에 진학하라고 했다. 그래서 부천에 있는 고등학교에 다녔다.

고등학교 졸업 후에는 대학에 들어갔다. 이번에도 대학 공부까지는 안 해도 될 것 같다고 말씀드리니, 아버지께서는 네 실력에 맞는 대학에 가서 더 큰 공부를 하라고 하셔서 건국대학교 농업경영학과에 들어갔다. 부천에서 서울 광진구에 있는 대학교까지 버스 타고 기차 타고 서울역에서 다시 버스 타고 2시간 이상 걸리는 길을 통학해서 졸업했다.

　아버지는 크게 깨인 분이셨다. 내 또래에 집에 땅 좀 있고 하면 굳이 공부를 많이 시키지 않는 시대였다. 그런데 아버지는 배움을 큰 재산이라 여기며 끝까지 공부를 시킨 것이다. 아버지께서도 학교 다닐 때 늘 우등으로 다니셨지만 공부 잘하는 것과 지혜롭고 합리적인 것은 다른 것 같다.

　아버지의 가르침이 몸에 배어 지금도 날마다 새벽에 배달돼 오는 신문으로 세상 공부를 한다. 아버지는 <조선일보>를 구독하셨다. 배우고 익히는 것은 평생 해도 모자람이 없다. 여든이 넘은 지금까지도 내 건물 관리를 직접 하면서 세상 일 돌아가는 것이며 새로운 정보에 뒤처지지 않는 것은 모두 신문을 보면서 끊임없이 배우기를 게을리하지 않고 공부한 덕분이다.

매일 거실 베란다에 책상을 두고 신문을 본다. 신문을 통해 세상을 들여다보고 익힌다. 읽다가 중요하다고 생각하는 기사는 필사를 한다.

새로운 것을 알고 배우는 것은 나이에 상관없다. 학교를 졸업하고 나면 배움이 끝나는 것이 아니다. 사람은 죽을 때까지 배워야 한다. 배워서 남 주는 게 아니다. 배우고 익히면 다 내게 지혜가 되어서 사람과의 관계나 인생의 흥망성쇠가 다 보인다.

신문을 볼 때도 책상에 앉아서 읽기보다는 서서 본다. 몸을 너무 움직이지 않고 편하게 있는 것도 좋지 않아 깨어 있는 동안에는 몸을 부지런히 놀린다. 마음 먹은 것은 바로바로 행동으로 옮기고 습관으로 만든다.

지금 건강을 유지하고 있는 것도 어느 날 갑자기 이제부터 건강해져야겠다, 하고 습관을 가진 것이 아니라 젊은 시절 건강할 때부터 습관으로 만

들고 매일 조금씩이나마 실천해 몸에 배게 한 덕분이다.

노인들은 이제 시간이 많으니까 한가하게 이런저런 건강을 위한 일을 한다고 하면 잘못된 생각이다. 갑자기 이루어지는 것은 세상에 아무것도 없다. 낙숫물이 바위를 뚫듯이 오랜 시간 조금씩 꾸준한 습관이 만들어 낸 결과다.

건강한 노년을 바란다면 지금부터라도 작으나마 건강한 습관을 실천하는 것이 좋겠다. 엘리베이터를 타기보다는 계단을 걸어 올라가는 것같이 쉬운 것부터 시작하면 좋을 것이다.

또 주위를 항상 청결하게 관리한다. 내가 머무는 공간을 1년 365일 하루도 거르지 않고 매일 내 손으로 청소를 한다. 자기 몸을 청결하게 하고 주변을 깨끗이 정돈하고 관리하는 것은 그 사람의 마음가짐부터 되돌아보게 만드는 기본적인 일이다.

청소를 할 때도 운동이 되도록 허리를 구부리는 밀대를 밀지 않고 쪼그리고 앉아서 하지 않는다. 무릎과 허리를 보호하기 위해 바닥에 엉덩이를 대고 앉아서 양팔을 번갈아 움직이면서 한다. 운동 삼아 하니 매일 청소를 하는 일이 즐겁다.

건강 관리도 젊은 시절부터 꾸준히 해왔다. 자기 관리의 기본은 건강 챙기기부터다. 지금까지 큰 병 없이 잘 지내는 비결이라면 건강한 체질을 물려주신 부모님의 덕이 제일 먼저고, 그 다음에 꾸준히 관리하고 건강한 습관을 유지했기 때문이라고 생각한다. 그 때문인지 코로나 시국도 무사히 넘어갔다. 나름 슈퍼 유전자를 가진 것 같다. 감기도 잘 안 걸리고 걸리더라도 약 없이 쉬면서 체력 보강을 하면 감기가 슬며시 사라진다.

나름 큰병을 치렀다고 기억나는 것은 대학교 1학년 때 학교에서 강의를 듣는데 갑자기 배가 살살 아파왔다. 헛배인가 싶어 참다가 헛배앓이에는 누가 담배 피우면 괜찮다고 해서 담배를 피웠는데도 계속 아팠다. 서울역에서 부천역으로 오는 도중에 너무 통증이 심해서 잠시 정신을 잃기도 했다. 다시 정신을 차려 간신히 집에 와서 병원에 가니 창자 쪽에 이상이 있다 하며 수술을 해야 한다고 했다.

처음에 큰병이라고 생각 안 하고 간단한 수술이려니 했는데 예상보다 큰 수술이 돼버렸다. 마취도 제대로 안 하고 하다보니 또 정신을 잃었다. 정신을 차리고 보니 1층 수술실에서 나와 2층 병실에서 안정을 취하고 있었다. 극락세계를 보고 온 느낌이었다.

지금도 당시에 꾼 꿈이 눈에 선하다. 극락세계

에 간 듯한데 커다란 대궐이 있는 곳이었다. 열두 대문이 있는데 문마다 험악한 모습의 도사가 지키고 있었다. 도사들은 이 문을 지나가야 내가 살 수 있다고 했다. 하나하나 지나가다보니 열두 대문이 끝나고 깨어났다. 지금도 그때 일이 생생하다.

또 하나는 2002년 3월에 정년퇴임을 하고 집에서 지내는데 눈앞이 뿌옇게 흐린 증상이 나타나고 앞이 잘 보이지 않았다. 불빛을 비춰도 별 반응을 하지 않았다. 안과에 가니 황반 변성이라고 해서 약을 먹고 치료를 받는데 50여 일을 다녀도 차도가 없었다. 병원에서는 치료가 어렵다고 했다. 이대로 앞을 못 보게 되는 것은 아닌가 싶어 겁이 덜컥 났다.

그런데 강원도 횡성에 있는 숯가마에 갔다가 우연히 목초액을 알게 되었다. 목초액은 참나무를 태워서 나온 액체를 발효해서 만든 것이다. 약간 냄새가 나기도 한다. 이걸 사다가 패트병에 넣어 두고 뚜껑에 구멍을 뚫어 조금씩 손에 발라 눈에 가만히 묻히고 귀와 얼굴에 문질렀다. 냄새는 약간 나지만 목초 발효액이 좋다고 하여 발라보았다.

내게는 냄새도 역하지 않고 피부에 닿을 때 촉촉한 느낌이 좋아 계속 썼다. 3개월여 동안 별다른 부작용이 없어서 계속 쓰다 보니 어느 사이엔가 앞이 뿌옇던 것이 사라지고 시력이 99% 원상태로 회복되었다. 자연 치유가 된 것인지, 목초액을 꾸준히 사용한 덕인지 알 수는 없지만 나는 목초액이 큰 역할을 했다고 생각하고 지금도 꾸준히 사용하고 있다. 아직도 돋보기를 사용하지 않을 정도로 시력이 좋다.

덕분에 이따금씩 오는 이명 증상도 사라졌다. 이명은 악성이 되면 난청이 된다. 이를 물고 있으면 침샘이 나와서 이명 치료에 좋다. 얼굴에 로션 같은 화장품을 사용하지 않는데도 피부가 매끄럽고 윤이 난다고 한다. 목초액이 내게는 만병통치약 같은 것이다.

대학을 졸업하고 오정면에서 근무를 시작해 나중에 부천시가 되면서 부천시청에서 서기관으로 퇴임했다. 당시에 농촌 지역 공무원들은 마을을 다니며 농촌 지도를 나갔다.

지금도 그렇겠지만 내가 근무할 당시에는 공무원들이 하는 일이 쉽지 않았다. 특히 농촌지역 공무원들은 일손이 부족한 농번기에는 일정한 출퇴근 시간 없이 농민들과 함께 새벽에 나가서 밤 늦게까지 농사일을 도와주었다. 모도 내주고 벼도 베주고 마을 일을 내 일처럼 했다.

내가 마을 여기저기를 걸어다니며 일을 하는

게 힘들어 보였는지 아버지께서 자전거를 사주겠다고 하셨다.

나는 직장도 있고 어른이 되었으니 벌어서 혼자 힘으로 자전거를 사겠다고 말씀드렸다. 당시 공무원 월급이 쌀 한 가마니 정도인데 자전거는 월급을 세 달 모아야 겨우 살 수 있었다. 돈을 조금씩 모으기 시작하다가 나중에는 아버지의 도움을 받아 자전거를 사서 타고 다니며 농촌 지도를 다닐 때 요긴하게 썼다.

공무원으로 근무할 때는 주로 경리 예산 총무 쪽의 일을 했는데 일을 미뤄두지 않고 주어진 일들은 항상 먼저 처리했다. 모두가 기피하는 영선계장을 할 당시에는 시유지를 점유하고 있는 사람들에게 정당한 값을 치르고 재산권 행사를 하도록 꼼꼼하게 관리했다. 일을 하면서도 사사로운 감정이 들어가지 않도록 원칙대로 처리했다.

　작은 농촌마을이라 동네를 돌며 일을 다니다보면 내가 누구 아들이라는 것을 모두 알았다. 아버지께 누가 되지 않도록 행동거지나 말 한마디 다 조심하였다.

　내가 아무리 열심히 해도 아버지의 십분의 일도 따라가지 못하겠지만 아버지의 말씀을 따르며 아버지처럼 되려고 노력하니 자연 일처리를 잘한다는 평을 들었다. 그러니 동네 어른들께도 칭찬을 받았다.

　정년퇴임 후에는 공자님을 모시고 유교 경전을 공부하는 부평향교에 나갔다. 향교는 조선시대에 국가에서 지방 백성의 교육을 담당하기 위해 세운 교육기관으로 공자에게 제사를 지내며 주로 유교 경전을 공부한다. 이곳에서는 향교 유도회 회장직을 맡아 일을 했다.

- 허리띠 졸라매기
  : 건물을 짓기까지

할아버지 때는 배가 고파서 졸라매고, 아버지 시대에는 일을 하려고 졸라매고, 현재 사람들은 배가 불러 살이 쪄서 졸리맨다.

나는 은행이나 개인에게 돈을 빌려본 적이 없다. 모두 저축하고 근검절약하여 모은 것이다. 빚이 있으면 근심거리가 되어 건강도 해칠 수 있고 여러 어려움이 생긴다.

우리 부부는 젊었을 적, 월급에서 70%를 저축하기 위해서 허리띠를 졸라맸다. 그때 월급으로 한 달에 8천 원을 받던 시기였다. 우리는 종잣돈을 마련하기 위해서 번 돈의 3분의 2 이상을 저축하니 배불리 먹지 못해 늘 허기졌었다.

장모님께서 우리집에 오셨다가 가시면 우리가

사는 게 안돼 보였는지 우리 모르게 돈을 장롱 밑에 밀어놓고 가시곤 하셨다. 사는 꼴이 말이 아니었지만 장모님께 신세 지고 싶지 않아서 우리 내외가 돈을 받으려고 하지 않으니까 그렇게 하신 것이다. 그렇게 허리띠를 졸라매며 저축해서 부동산에 투자할 만한 종잣돈을 마련할 수 있었다.

세월이 흘러 십 년 후에는 상가를 신축하여 관리하고 있다. 과거에 그렇게 허리를 졸라맨 덕에 지금은 생활에 여유가 생기게 되었다.

처음 이곳에 건물을 지으려 하자 이웃들은 여기에서 세가 나가겠느냐고 하며 말렸다. 하지만 나는 처음에 단층으로 200평 건물을 지었다. 후에 이곳이 번잡해지면서 다시 한 층을 올려 지금의 2층짜리 상가건물을 지어서 관리하고 있다.

그때 이 땅을 보잘것없게 보고 팔아버렸다면 돈도 없어지고 땅도 사라지고 말았을 것이다. 당장의 이익을 챙기기보다 앞을 내다본 덕분에 지금 여유있게 되었다.

2020년 9월경에 지금 살고 있는 집을 완공하였다. 옛말대로 집 지으면서 3년 나기가 정말 힘들었다. 많은 고통과 어려움을 이겨내야 했다. 2024년 3월, 현재에는 건강이 많이 회복되었다. 직접 겪고 보니 집짓기가 그렇게 힘든 것이라는 알게 되었다.

나는 이제까지 건물 8채를 지었다. 처음에는 아버지와 함께 짓기 시작해서 이후에는 내가 주도해서 직접 자식들 집도 짓고 상가도 짓고 당진의 농장 집도 지었다. 지금 사는 집이 여덟 번째로 지은 것이다.

공사를 할 때 돈을 너무 박하게 주고 좋게만 지으라 하면 안 된다. 밑져가면서 남의 일을 할 수는 없기 때문이다. 적절한 비용을 대면서 일을 잘하도록 독려해야 한다. 멋지게 짓기보다는 비가 새거나 하자가 나지 않게 튼튼하게 지으라고 요구했다. 남에게 시켜 집을 짓든, 일꾼을 불러 내 주도로 짓든 간에 집을 짓는 것은 무척 힘든 일이다.

 지금 살고 있는 집은 내가 퇴직하고 나서 시간 여유가 있어서 돈도 좀 아끼고 무엇보다 튼튼하게 지으려고 직접 하다보니 알게 모르게 신경을 많이 썼는지 무척 힘들었다. 사람 단도리하면서 공사대금 줘가면서 4개월간 신경을 썼더니 기운이 많이 쇠했다. 결과적으로는 돈은 절약이 안 되고 신경 쓰느라 몸도 많이 축나고 고생은 했지만, 마음에 들게 튼튼하고 번듯하게 잘 지었다고 생각한다. 몸도 3년이 지나면서부터 점점 좋아졌다.

 여동생 하나가 형편이 몹시 어려워서 사는 게 안돼 보여서 부천 우리 동네로 이사 오라고 했다.

그때는 나도 형편이 넉넉하지 않고 수중에는 돈이 없었다. 그렇다고 해서 어렵게 사는 동생을 모른 척하고 있을 수가 없어서 궁리를 했다.

당시에는 공무원들은 신분이 보증되어 가계수표를 발행할 수가 있었다. 농협에서 가계수표로 발행한 금액을 월급에서 조금씩 갚아나가는 방법으로 대출해 주는 것이었다.

그 가계수표로 3백만 원을 받아 전세방을 얻어주었다. 그걸 계기로 부천에 이사와 자리를 잡았고 후에 여동생은 성모병원에 취직하고, 매제는 부천시 공무원으로 근무하게 되었다. 점차 생활이 안정되어 지금까지 잘 살고 있다.

- 괘종시계
: 소리 나는 벽시계

거실에 오래된 괘종시계가 하나 걸려 있다. 이 시계는 정시마다 1시면 땡 한 번, 2시면 땡 땡 두 번, 아주 맑은 소리로 시간을 알려줘서 좋다. 50년이 넘었다.

딸이 세상에 나오고 재산 밑천으로 구입한 시계다. 시계 살 돈을 마련하느라 집에서 재배한 농산물을 팔았다. 지금 쉰 살이 넘은 딸이 돌쟁이였을 때, 아내가 딸을 업고 김포공항에 가서 괘종시계를 봤다. 시곗값이 꽤 나갔다. 마음에 들어서 사고 싶었는데 당시는 농사 짓고 살던 터라 여유가 없었다. 시계를 사기에는 돈이 턱없이 모자라서 구경만 하다가 아쉬워하며 그냥 돌아나왔는데, 애까지 업고 왔는데 돈이 모자라 시계를 못 사고 그냥 가는 것이 안돼 보였는지, 시계방 주인이 버스 타는 데까지 따라와서 그냥 가져가라고 했다는 것이다.

지금은 정확히 기억나지는 않지만 아마도 나중에 돈을 갖다주지 않았을까 싶다. 어쨌든 시계를 가져올 수 있었으니 잘 된 일인 것 같다. 지금도 시간마다 '땡 땡' 하며 종을 치면서 잘 가고 있다.

이 시계에 밥을 주는 것도 내가 좋아하는 일이다. 일주일에 한번씩 촤르륵 촤르륵 태엽을 감아주어야 시계가 자지 않고 잘 간다.

50년 동안 다섯 번 정도 고장이 났는데 그때마다 보자기에 싸서 종로5가 시계 수리점에 들고 나가서 고쳐 왔다. 그만큼 아끼는 물건이다.

지금도 잘 사용하고 있다. 조용한 거실에서 '땡 땡' 시간을 알려주는 소리가 울리는 게 좋다. 나에게는 추억이 깃든 가보나 다름 없다.

참새

나 어렸을 때는 초가지붕이 많아서
참새가 초가지붕에 집을 짓고
알을 낳아서 새끼를 키웠다.
겨울에는 밤에 참새집에서 자고 있는 참새를
전등을 켜고 잡았다.
지금은 참새집을 지을 초가가 없어서
참새가 사라졌다.
참새 사냥의 추억도 사라졌다.

허수아비

논 가운데 허수아비 불쌍도 하지
외다리로 서 있는 것
가을이면 벼가 익어가는 계절
참새들이 논의 벼를 먹기 위해
떼를 지어 날아다니면서
익기 전의 연약한 벼를 먹어치운다
허수아비는 외다리로 참새를 쫓는다
고생이 많다
가을 풍년을 위해 애쓰고 있다

참새

10 2022 OCTOBER

길을 재녁 보면 순속에서 참새 2행 펭 자건이
첫을 보수 있다.
우리 어려서는 초가집에 말다서 지붕 밑에 굴을파고
잠을자며 많은 날은 새끼를 기으는데 은중은 그것많은 은천
없이 지혀집은 스르라집으로(콩크리트) 지어저서 새들
은서가 없어졌다. 자연의 생물경영에서 존적 가치가요
참새 뿐만 에라 다른 생명체로 그러하다.
                    2022. 유의섭 글

눈

연결을 가려 보면 경제실에서 부상 할 위험이 많다. 경적
서에 메기 메기해서 낙상에 위험하다. 울퉁불퉁한 경계
지식을 숨프러 종종걸 상황을 못 벗어나리...
...일본 이쿄과 지상은 기어...

어차피 질문을 자기만의 정보관...
명확해한 생각의 길...
고 한다. 우리 대략...
관심이 없었다. 이녕에...
젊은 세대 우리 사절 믿음...
부모 덕에 대부분 정치적 어...
로 나오려 최연대. 주위분들...
가장 불행한 세대라고 자로하는데...
젊은이 레까해법 갈된 세상을...
자기 달래 해결해야 할 문제가...

논 가운데 러스아비 불산도 하
다리로 서는것. 가운이며 벼가
지전이다. 참새들이 공가에 벼
그래도 지어 나라 다지면서 벼가
연갔는 벼를 먹어서였다.
허이비는 3배다리로
궁성니 않다. 가운

6. 자랑스러운 자손들

- 조상님을 잘 모시자
- 바르게 살자
- 듬직한 자손들

• 조상님을 잘 모시자

　우리나라는 한국전쟁이라는 어려운 상황을 겪어내고도 현재 세계 10위권의 경제대국으로 성장했다. 국민 모두가 노력한 결과이다.
　여기에 우리의 유교 사상도 한몫했다고 생각힌다. 유교에서는 조상을 잘 모시는 것을 으뜸으로 여긴다. 아침 저녁으로 먹을 것이 없어도 조상을 위한 제사는 꼭 지키는 것 등이다. 조상 숭배 사상이 투철해서 지금의 경제부국을 이룬 것이다.
　우리 후손들은 조상님들이 이룩한 사상과 철학을 이어받아 조상의 은덕을 깊이 인식하고 조상님을 모시는 데 조금도 소홀히 하지 말고 넉넉하게 하길 바란다. 간절히 당부한다.

• 바르게 살자

　팔십 평생을 살아오다보니 나름 세상 이치가 보인다. 매사 한 발짝만 양보해라. 양보하면 모든 것이 잘 진행된다. 모든 다툼은 조금 더 가지려고 하거나 양보를 안 하고 버틸 때 일어난다. 양보 안 하고 욕심껏 가지면 당장은 이익이 나는 것 같아 보이지만 그것은 이익이 아니고 파멸이 될 수도 있다.

　노력하지 않고 남의 것을 탐하면 사기꾼이 되거나 도둑질하게 된다. 이 세상에서 거저 얻어지는 것은 아무것도 없다. 성실하게 자신의 손으로 일해 얻은 것만 잘 지켜도 남부럽지 않게 살 수 있다. 도둑질하면 당장은 이득을 보는 것 같지만 그것이 후환이 되어 후손들에게 나쁜 영향을 끼친다. 살아보니까 알게 되었다. 주위에서 그런 것을 많이 보고 겪었다.

선하고 착하게 살고 양보하고 도와주어라. 다른 사람들에게 내 이익을 앞세워 너무 야박하게 대하지 말아라. 그래야 앞날이 좋고 후손들에게도 좋은 결과를 가져올 수 있다.

• 듬직한 자손들

나는 문화류씨(文化柳氏) 대승공(大丞公) 31대 손이다. 지승, 지원, 지은이는 대승공 33대 손이다.

조상님 족보를 잘 공부하고 조상님의 은덕을 간직하며 고맙게 생각하여라. 우리 문화 류가가 세계족보대회에서 1등을 했다. 자랑스레 여기고 그에 걸맞게 생활해야 할 것이다.

나는 슬하에 아들 둘과 딸 하나를 두었다. 모두 잘 자라 결혼하여 일가를 이루었다. 무탈하게 잘 자라준 것도 고마운데, 자신들 앞가림을 잘하고 건강한 가정을 이루고, 사회에서 제 역할을 잘 해내며 사는 것이 든든하다.

전에는 해마다 김장철이면 우리집에 모여서 함께 김장을 했다. 공학박사인 큰아들은 두손 걷어붙이고 제일 열심히 했다. 부침개도 잘 부친다. 장남이라서 그런지 아버지 집에 무슨 일이 있으면 제일 먼저 달려와서 하려고 했다. 큰아들 작은아들 딸 모두 가리지 않고 소중한 자식들이다. 딸은 이쁘고 아들은 든든하다.

또 손자 셋과 손녀 둘이 있다. 이 아이들을 보는 것이 노년의 한 즐거움이다. 어느 날 손자가 그림을 그려서 가지고 왔다. 가족사진이라며 그린 그림인데, 그 그림에는 서운하게도 나를 그리지 않앉다.

　왜 할아버지는 그리지 않았느냐고 물었더니, 손자는 아빠, 엄마, 자기, 두 명의 동생, 할머니를 순서대로 그리다 보니 종이가 부족하여 할아버지는 그리지 못했다고 하였다. 아이들이 자기 가족을 그리다가 할아버지 할머니도 가족임에 생각이 미처 연이어 그리다 보니 여백이 모자랐던 것이다. 나를 빼놓고 그렸다고 탓하자고 물은 것은 아니고 가족 그림을 그린 것이 기특해서 칭찬하는 마음이 든 것이다.

　사랑하는 마음을 담아 한 사람 한 사람 정성껏 그렸을 것을 생각하니 기특한 생각이 먼저 들었지만 녀석이 어떻게 대답할지가 궁금해서 짓궂게 물어본 것이었다.

　얼마 후 할아버지까지 같이 그린 그림을 다시 가지고 왔다. 그런데 할아버지를 졸병으로 그렸다.

이번에도 도화지에 사람을 적당껏 골고루 배치하는 것이 실패한 모양이었다. 그러고 난 후 다시 손녀딸 지은이가 할아버지가 대장이라며 할아버지를 크게 그린 그림을 다시 그려 왔다. 내가 서운해 할까봐 할아버지를 졸병에서 대장으로 승진시킨 손녀딸의 지혜가 자랑스럽다. 그 동안의 서운함은 대장 승진으로 인해서 기쁨이 되었다.

또 지원이는 조리있게 말을 잘하고 생김새도 잘생겼다. 공부에 관심을 보이지 않아 2학년이 되도록 한글을 못 깨쳤다. 그래서 공부 안 하면 나중에 형은 훌륭한 사람이 되고, 너는 형 만나기도 힘들 것이라고 했더니 욕심을 내어 공부를 하여 드디어 올 수를 받아왔다.

공부에 별 관심이 없었는데 공부를 해야 할 동기가 생기자 스스로 열심히 하여 우수한 성적을 받을 정도로 머리가 좋은 아이다.

나는 손자들을 보면 힘이 절로 나고 뿌듯하다. 자식자랑 부인자랑은 팔불출이라고 하지만 손자자랑은 마음껏 한다.

손자 손녀들 장하다. 장해.

세 아이를 키우느라 며느리가 애를 많이 쓴다. 힘들다는 내색도 안 하고 시부모 공경에 남편 내조에 아이들 돌보느라 힘들 텐데도 묵묵히 자신이 할 일을 해내는 며느리가 늘 듬직하고 고맙다.

아무리 많은 돈을 쌓아 둔다 하여도 돈 앞에서 이렇게 기쁘지는 않을 것이다. 자손들이 건강하게 해맑게 크는 것이 나의 기쁨이다.

대장 할아버지 그림은 농장집의 거실벽에 걸어두었다.

2020년 11월, 할아버지의 심정.

• 든든한 장손 지승이

　우리 장손 지승이를 생각하면 늘 흐뭇하고 대견하다. 지승이는 카리스마가 있고 우애가 깊다. 한번은 집에 사촌이 와서 놀다가 지승이 장난감이 마음에 들었는지 가지고 가려 하자 지승이가 단호하게 안 된다며 두고 가라고 했다.
　만약 지승이가 결단을 못 내리고 어른들에게 와서 사촌의 행동을 이르며 못 가져가게 해달라고 해서 어른들이 나섰다면 어느 한 편을 들어주다가 서운함을 살 수도 있는 일인데, 본인이 자신의 물건을 자신의 의지에 따라 단호하게 안 된다고 의사 표현을 정확히 하여 상황을 정리했다. 어린아이로서 하기 힘든 카리스마를 보여 준 것이다.
　또 당진 농장에 갔다오던 길에 한 차로 오기에는 사람이 많아서 내가 고속버스를 타고 가겠다고 하자 지승이는 할아버지를 버스 타고 오게 해서는 안 된다고 말했다. 어린아이가 속이 깊고 할아버지를 사랑하는 마음이 지극했다.

　또 할머니가 지승이네 집에 갔다오면서 버스를 타고 가려고 하자 자기 엄마에게 할머니를 엄마 차로 모셔다 드리라고 부탁할 정도로 할머니를 생각하는 마음이 크다. 그때가 초등학생이었는데 그렇게 할아버지 할머니를 생각할 정도로 속이 꽉 찬 아이다.

- 손자 김대원
: 든든한 사회 재목감

    대원이는 성격이 온순하고 친화적이며 붙임성이 좋다. 군대를 갔다오고 복학을 하였다. 2024년도에 4학년이 되고 곧 졸업해서 사회에 나가면 제 몫을 잘 해낼 것이다. IT 분야 공부를 해서 자격증도 많이 취득했다.

    자랑스러운 손자다. 직장에 들어가면 윗사람의 총애를 듬뿍 받고 동료들의 귀감이 될 것으로 믿는다. 하나를 보면 열을 안다고 하였다.

    열심히 해서 훌륭한 사람이 되어라.

    김대원 화이팅!

- 손녀 김민경
: 자립심 강한 수재

    연세대학교 건축디자인학과를 졸업했다. 전액 장학금을 타는 수재 중의 수재다.

    겨울방학 동안 유럽 여행을 갔다왔다. 처음에는 친구들과 함께 가려 했으나 사정이 여의치 않아 혼자 한 달간 갔다. 여행 경비도 부모 도움 없이 그간 모은 용돈으로 충당할 정도로 자립심이 강하다.

    또 독립심이 강하고 추진력이 있는 아이다. 무엇을 하든지 잘 해낼 것이라는 믿음이 가는 똑똑한 아이다.

    장차 큰 인재가 될 것이다.

    우리 손녀 자랑스럽다. 화이팅!

추천의 글

어르신들이 잘 하는 말이 있다. 인생은 잠깐이고, 돌아보면 아쉬움 투성이라고. 매순간 열심히 살아왔는데 남들에게 내세울 만한 거창한 것은 하나도 이룬 것 없이 세월만 흐르고 나이만 먹었다고 겸손해 하신다.

하지만 어르신들이 지나온 인생을 보면 매순간 열심히 살아오신 게 보인다. 번듯하게 내세울 것 없다고 하지만 인생의 고비마다 최선을 다했고 한순간도 대충 살지 않았던 것이 느껴진다.

인생 2막을 사는 분들께 권한다. 자신의 삶을 돌아보며 "당신, 참 애썼다"라고 칭찬해 주라고.

류인섭 어르신은 누가 보아도 멋진 인생을 사셨다. 공직 생활도 잘 마감하고, 개인적으로도 한 일가를 이루어 자손들을 사회의 든든한 기둥으로 잘 키우셨다. 이웃의 모범이 되는 분이다.

어르신은 인생에서 제일 중요한 것은 건강이라고 강조하신다. 자신의 몸을 청결하고 건강하게 하는 것은 제일 먼저 본인에게 좋고, 다음으로는 가족들에게 건강에 대한 염려를 끼치게 하지 않아서 좋다고 하신다. 여든이 넘은 연세에도 매일 어르신이 머무는 공간을 손수 청소를 한다.

몸을 가다듬고 청결하게 하는 것은 수신제가평천하의 으뜸이다. 또 아침마다 배달되어 오는 신문 읽기를 통해 최신 정보를 접하는 것을 게을리하지 않는 것에도 존경의 마음이 절로 나왔다.

이 책이 나오게 된 것도 매일 아침 신문읽기를 통한 공부와 쓰기를 통한 결과물이다. 자신의 인생을 뒤돌아보고 스스로 글로 남기는 것은 쉬운 듯 보이지만 결코 만만치 않은 일이다. 내세우고 싶은 많은 것은 다 접어두고 오직 건강하기와 바르게 살라고만 하신다. 그러면 우리가 추구하는 물질과 영예는 저절로 따라온다는 말이 글 속에 숨어 있음이 느껴진다.

전미경(작가, 게으른 오후 책방지기)

나의 건강 관리 원칙
- 자연 · 自然 · Nature
ⓒ 류인섭

초판 1쇄 발행 | 2024.4.20

지은이 | 류인섭

기획 편집 | 전미경
펴낸이 | 정세영
본문 디자인 | 디자인글로
표지 디자인 | 디자인SOSO

펴낸곳 | 위시라이프
등록 | 2013.8.12 /제2013-000045호
주소 | 서울 강서구 양천로30길 46
전화 | 070-8862-9632
이메일 | wishlife00@naver.com
ISBN | 979-11-93563-052
정가 | 15,000원

- 이 책은 저작권법에 의해 보호를 받는 저작물이므로 저자와 출판사의 허락 없이 내용의 일부를 인용하거나 발췌하는 것을 금합니다.
- 파본은 구입처에서 바꿔 드립니다
- 호라이즌은 위시라이프 출판사의 임프린트입니다